AF502207

PARIS. — IMPRIMERIE BREVETÉE CHARLES BLOT
7, RUE BLEUE, 7

A M. CH. GOUNOD

MÉTHODE PRATIQUE

DE

MUSIQUE VOCALE

A L'USAGE DES ORPHÉONS ET DES ÉCOLES

Approuvée par le Conservatoire de Paris, le Conservatoire de Bruxelles et par la Société pour l'instruction élémentair

MÉDAILLE D'ARGENT, 1re NOMINATION, A L'EXPOSITION UNIVERSELLE DE 1867

PAR

Professeur de Chant et Maître de Chapelle au Lycée Saint-Louis
Officier d'Académie

L'ouvrage est divisé en 3 parties qui se vendent séparément
CHAQUE PARTIE : 1 FRANC

DEUXIÈME PARTIE

PARIS
LIBRAIRIE HACHETTE ET Cie
79, BOULEVARD SAINT-GERMAIN, 79
ET CHEZ LES PRINCIPAUX MARCHANDS DE MUSIQUE

1895

MÉTHODE PRATIQUE DE MUSIQUE VOCALE.

DEUXIÈME PARTIE.

ÉTUDE DU RHYTHME.

♪ (1)

MESURE À 2 TEMPS. $\left(\frac{2}{4}\right)$

286

287

288

289

290

291

292

293

294

295

(1) *Lorsque plusieurs croches se suivent, on les écrit ordinairement de cette manière* ♫

MESURE A 3 TEMPS. $\left(\frac{3}{4}\right)$

EXERCICES À 2 PARTIES

311

312

313

314

315

316
317
318
319
320

Moderato

321

1re Partie

2me Partie

3me Partie

f f f

p p p

322

323

324
325
326
327
328 Allegretto.
1.re Partie.
2.me Partie.
3.me Partie.

329

330 Andantino.

1.re Partie.

2.me Partie.

3.me Partie.

p p p

mf Cresc. f Rall.

CONTRE-TEMPS.

Dans un temps quelconque composé de deux parties, la 1.re partie est forte, la 2.me est faible. On a donné à la partie faible le nom de *Contre-temps*.

SYNCOPE.

Nous avons vu (Page 22) la définition de la *Syncope*. On appelle encore syncope un son qui commence sur un *Contre-temps* et se prolonge sur le temps suivant.

On écrit de deux manières les syncopes qui commencent sur un contre-temps.

La 1.re manière qui est la plus claire, sinon pour l'œil, du moins pour l'esprit, consiste à décomposer les temps en parties égales, et à indiquer la syncope au moyen de la liaison.

Ex:

La 2.me manière consiste à réunir, en une seule figure de notes, les notes semblables qui se suivent et qui ne doivent pas être répétées.

Ex: 

ETUDE DU RHYTME.

MESURE À 2 TEMPS. (2/4)

340.
do — o etc.
341.
342.
343.
344.
345.
do_o mi_i, etc
346.
do_o mi_i,etc
347
348.
349.
350.
351.
352.

MESURE À 3 TEMPS (3/4)

366

367

368

EXERCICES A 2 PARTIES.

369

370

371

372

373 Allegretto.
1re Partie
2e Partie
3e Partie
mf
p
Cresc.
Decresc.
374
375
376

A
B
377
378
379

POINT D'ORGUE.—POINT D'ARRÊT.

Le signe 𝄐 placé sur une note, se nomme *point d'orgue*, et, sur un silence, *point d'arrêt* — Il prolonge d'une valeur indéterminée la durée de cette note ou de ce silence.

(1) *Les anciens auteurs terminaient toujours un morceau* mineur *par un accord* majeur, *lorsque la* tierce *entrait dans cet accord final.*

383
384
385
386
387

GAMME CHROMATIQUE.

Si, entre les notes de la gamme distantes d'un ton, on introduit des sons intermédiaires, on aura une nouvelle gamme composée de douze demi-tons, qu'on appelle gamme du *genre chromatique* ou simplement *gamme chromatique*.

Pour représenter ces sons intermédiaires, on se sert des deux signes altératifs *Dièse* et *Bémol* (Voyez page 48.) On fait surtout usage du ♯ dans la gamme ou dans les fragments de gamme ascendante, et du ♭, dans la gamme ou dans les fragments de gamme descendante.

Ex: 

Dans la gamme *descendante*, on n'emploie presque jamais le sol ♭, qu'on remplace par fa ♯.

Ex: 

INTERVALLES AUGMENTÉS et DIMINUÉS. (1)

La gamme chromatique présente de nouveaux intervalles; les uns plus grands d'un demi-ton que les intervalles majeurs de même nom, s'appellent intervalles *augmentés*. Les autres, plus petits d'un demi-ton que les intervalles mineurs de même nom, deviennent des intervalles *diminués*.

Les intervalles les plus usités sont: la *Seconde augmentée*, la *Quarte augmentée*, la *Sixte augmentée*, la *Tierce diminuée*, la *Quarte diminuée* et la *Septième diminuée*. Tous les autres ne sont guère en usage.

Les intervalles augmentés s'emploient presque toujours en montant et les intervalles diminués en descendant.

Ex: 

(1) *Quelques uns de ces intervalles présentent des difficultés d'intonation dont on parvient à se rendre maître, en ayant soin de penser d'abord le son de la note sur lequel l'intervalle fait sa résolution.*

EXERCICES D'INTONATION.

15.me SÉRIE.

MESURES À TEMPS TERNAIRES

Chacune des mesures à *Temps binaires* (Page 19) correspond à une mesure à *Temps ternaires*.

Dans les mesures à temps ternaires correspondant à $\frac{2}{2}$ $\frac{3}{2}$ $\frac{4}{2}$, le temps est representé par 𝅗𝅥. qui vaut $\frac{3}{4}$ de 𝅝

Dans les mesures à temps ternaires correspondant à $\frac{2}{4}$ $\frac{3}{4}$ $\frac{4}{4}$, le temps est representé par 𝅘𝅥. qui vaut $\frac{3}{8}$ de 𝅝

Dans les mesures à temps ternaires correspondant à $\frac{2}{8}$ $\frac{3}{8}$ $\frac{4}{8}$, le temps est representé par 𝅘𝅥𝅮. qui vaut $\frac{3}{16}$ de 𝅝

On indique la mesure à 2 temps:

Par { MESURE DOUBLE $\frac{6}{4}$
MESURE SIMPLE $\frac{6}{8}$
MESURE SOUS-DOUBLE $\frac{6}{16}$ (*Inusité.*)

	La mesure à 3 temps:		La mesure à 4 temps:
Par	MESURES DOUBLES $\frac{9}{4}$ (*Peu usité.*)	*Par*	$\frac{12}{4}$ (*Inusité.*)
	MESURES SIMPLES $\frac{9}{8}$		$\frac{12}{8}$
	MESURES SOUS-DOUBLES $\frac{9}{16}$ (*Peu usité.*)		$\frac{12}{16}$ (*Inusité.*)

Les mesures simples $\frac{6}{8}$, $\frac{9}{8}$, $\frac{12}{8}$, suffisant aux besoins de l'écriture musicale, on ne se sert presque plus, dans la musique moderne, des mesures doubles: $\frac{6}{4}$, $\frac{9}{4}$, $\frac{12}{4}$, ni des mesures sous-doubles $\frac{6}{16}$ $\frac{9}{16}$ $\frac{12}{16}$

ÉTUDE DU RHYTHME.

MESURE À 2 TEMPS. ($\frac{6}{8}$)

404
405
406
407
408
409
MESURE À 3 TEMPS (9/8)
410
411
412
413
414
415
416

MESURE À 4 TEMPS $\left(\frac{12}{8}\right)$

DES GAMMES.

On peut prendre pour point de départ d'une gamme du mode majeur ou du mode mineur, toute autre note que *do* pour le majeur et *la* pour le mineur. Les signes altératifs, *dièses*, *bémols*, sont employés alors pour établir dans la gamme nouvelle, l'ordre de tons et de demi-tons que présente la gamme de *do* (Page 6) modèle des gammes majeures de même que la gamme mineure de *la* (Page 57) est le type des gammes mineures.

GÉNÉRATION DES GAMMES AU MOYEN DES DIÈSES.

Nous avons vu (Page 7) que la gamme type de *do* se divise en deux parties parfaitement semblables, puisque chacune d'elles se compose de *deux secondes majeures suivies d'une seconde mineure*. (do, ré, *mi, fa* —— sol, la, *si, do*,) Nous savons aussi que ces divisions se nomment *tétracordes*. Elles sont séparées par un intervalle d'un ton.

Si l'on prend pour point de départ d'une gamme nouvelle la dominante *sol* premier terme du tétracorde supérieur, et qu'on achève la série en montant jusqu'à l'octave du point de départ, (sol, la, *si do* ré, *mi, fa*, sol) on s'aperçoit que cette gamme est irrégulière, car son second tétracorde diffère du premier par la position de la *seconde mineure*. Il est donc nécessaire, pour régulariser la construction, de déplacer cette seconde mineure au moyen d'un dièse qui, affectant la 7e note *fa* l'éloigne du *mi* et la rapproche du *sol*. La gamme nouvelle, ainsi modifiée, reproduira, à la quinte supérieure ou à la quarte inférieure, toutes les formes de la gamme de *do* majeur

EX:

Cette gamme est celle du ton de *sol*.

La gamme de *sol* identique comme forme, à la gamme type de *do* peut à son tour servir de base à une opération analogue à celle qui de la gamme de *do* nous a conduit à la gamme de *sol*. Nous prendrons pour point de départ la note *ré* dominante du ton de *sol* et premier terme du tétracorde supérieur, nous continuerons la série jusqu'à son octave et nous élèverons d'un demi-ton au moyen d'un nouveau dièse, la septieme note de la gamme nouvelle, c'est-à-dire le *do* troisième note du second tétracorde

En poursuivant ainsi l'opération, on voit apparaître un dièse nouveau dans la construction de chaque gamme nouvelle, les dièses se présentent de quinte en quinte, en montant, dans l'ordre suivant *fa, do, sol, ré, la, mi, si*.

GÉNÉRATION DES GAMMES AU MOYEN DES BÉMOLS.

Revenons actuellement à la gamme type de *do* et faisons de son tétracorde *inférieur* le tétracorde supérieur d'une gamme nouvelle. La note la plus élevée de ce tétracorde *(fa)* sera l'octave de la nouvelle série Si l'on parcourt cette série en descendant jusqu'à sa tonique, *(fa, mi*, ré, do —— *si*, la, sol, fa) on s'aperçoit que la gamme est irrégulière, car il n'y a qu'un demi-ton d'intervalle entre les deux tétracordes et le tétracorde inférieur diffère du précédent en ce que ses trois secondes sont majeures Il est donc nécessaire de modifier celle de ces secondes qui correspond à la seconde mineure du premier tétracorde. Un bémol placé devant la note *si* diminuera d'un demi-ton l'intervalle de *si* à *la* et laissera un intervalle d'un ton entre les tétracordes; la gamme nouvelle, ainsi modifiée, reproduira donc à la quinte inférieure ou à la quarte supérieure, toutes les formes de la gamme de *do* majeur

EX

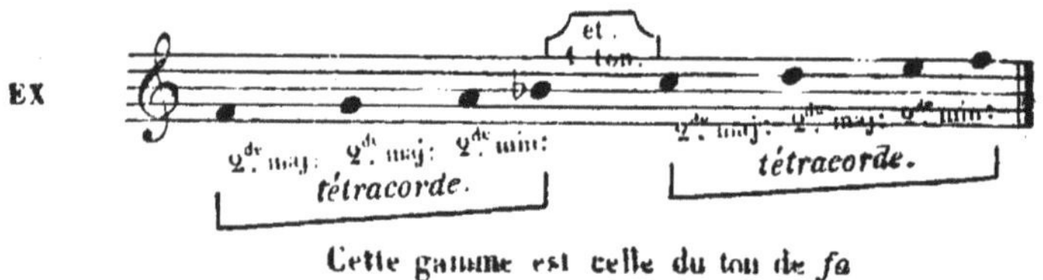

Cette gamme est celle du ton de *fa*

La gamme de *fa*, identique comme forme à la gamme type de *do*, peut maintenant servir de base à une opération semblable à celle qui, de la gamme de *do* nous a conduit à la gamme de *fa*. Nous ferons, du tétracorde inférieur de la gamme de *fa* le tétracorde supérieur d'une série nouvelle que nous continuerons en descendant jusqu'à sa tonique (si b) et nous baisserons d'un demi-ton, au moyen d'un nouveau bémol la note la plus élevée du tétracorde inférieur, c'est-à-dire le *mi*

En poursuivant ainsi on voit apparaître un bémol nouveau dans la construction de chaque gamme nouvelle Ces bémols se présentent par quintes en descendant, et dans l'ordre suivant: *si, mi, la, ré, sol, do, fa*

RÉSUMÉ Les gammes procèdent les unes des autres; et toute gamme porte en elle-même le germe de deux autres gammes, puisque comme on vient de le voir ci-dessus, chacun de ses deux tétracordes peut entrer dans la composition d'une gamme nouvelle.

ARMURE.

Les signes altératifs (♯ et ♭) qui caractérisent la tonalité d'un morceau s'appellent signes *constitutifs*; ils se placent immédiatement après la clef. C'est ce qu'on nomme *l'armure*. Chacun d'eux occupe la place d'une note et agit sur cette note à toutes les octaves et pendant la durée du morceau. Les signes altératifs non compris dans l'armure et qu'on rencontre dans le courant d'un morceau s'appellent signes *accidentels*

TABLEAU DES TONS MAJEURS ET DE LEURS RELATIFS MINEURS.

ARMURES DES TONS PAR DIESES.

ARMURES DES TONS PAR BÉMOLS

REMARQUE. Si l'on comprend deux gammes de même *ton*, mais de *modes* différents, l'on verra que, dans la gamme mineure, *l'armure* a 3 ♯ de moins ou 3 ♭ de plus que dans la gamme majeure.

EXCEPTIONS. 1°. Étant donnée l'armure de *sol majeur*, on trouvera l'armure de *sol mineur* en supprimant un ♯ et en ajoutant deux ♭.

2°. Étant donnée l'armure de *ré majeur*, on trouvera l'armure de *ré mineur* en supprimant deux ♯ et en ajoutant un ♭.

MANIÈRE DE RECONNAÎTRE LE TON D'APRÈS L'ARMURE.

Le dernier dièse de l'armure d'un ton est le 7e degré ou *note sensible* de la gamme majeure de ce ton. Il est donc facile d'en trouver le 8e degré ou la *tonique*..

Le dernier bémol de l'armure d'un ton est la sous-dominante ou 4e degré de la gamme majeure de ce ton. Il est donc facile d'en trouver aussi la tonique.

S'il y a plus d'un bémol à la clef, l'avant dernier bémol donne la tonique majeure.

N'oublions pas que la tonique mineure se trouve une tierce mineure au dessous de la tonique majeure relative et qu'elle a la même armure.

TON DE SOL MAJEUR.

EXERCICES D'INTONATION (1)

17me SÉRIE.

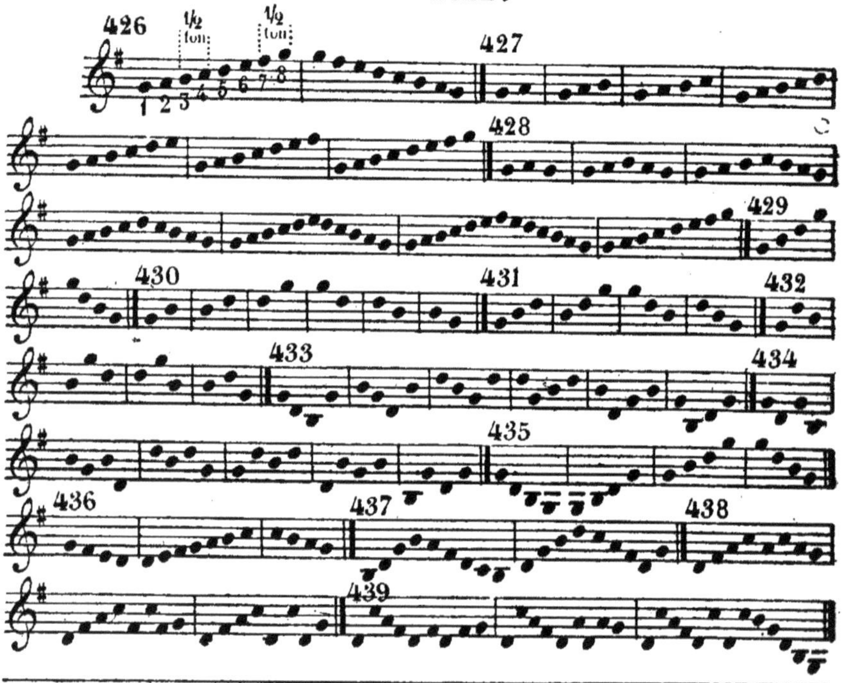

426 ½ ton ½ ton 1 2 3 4 5 6 7 8 — 427 — 428 — 429 — 430 — 431 — 432 — 433 — 434 — 435 — 436 — 437 — 438 — 439

(1) *Le professeur fera chanter lentement d'abord ces exercices. Quand les élèves seront familiarisés avec les intonations, il activera le mouvement.*

Le maître fera comprendre aux élèves l'utilité du dièse placé à la clef. (Voir Page 91. des Gammes.)

18me SERIE.

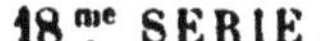

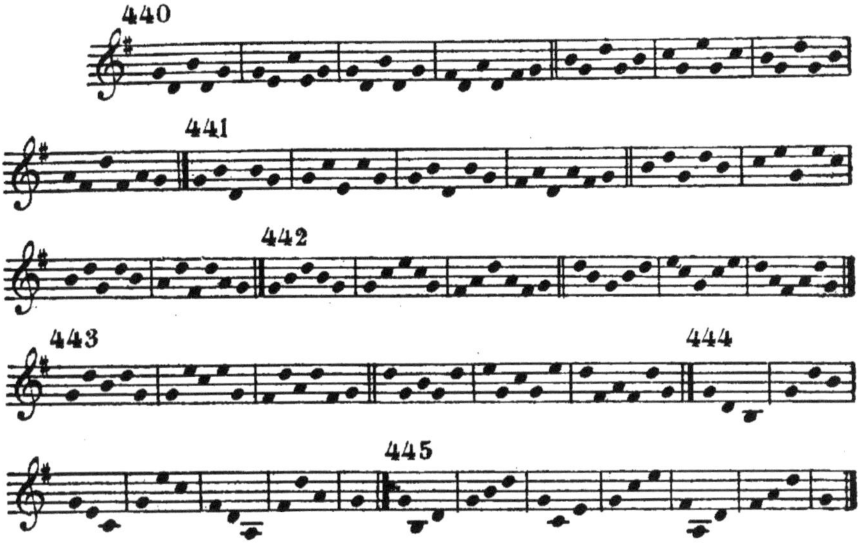
440
441
442
443
444
445

19me SÉRIE.

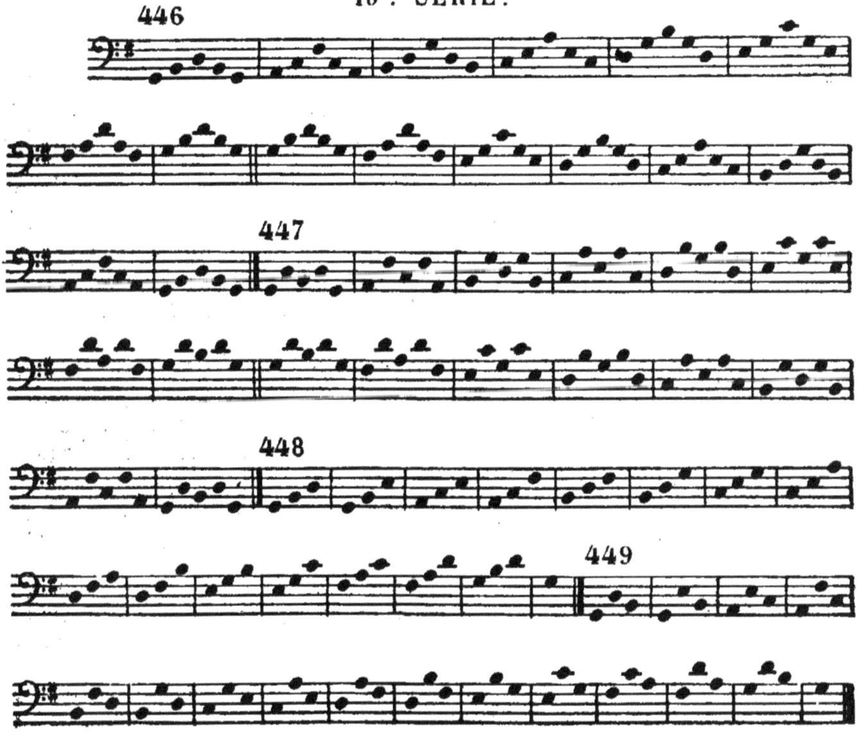
446
447
448
449

EXERCICES À 2 PARTIES.

453.
454.
455.

DE LA MODULATION.

Un morceau de musique de quelque étendue ne peut sans fatiguer l'oreille se maintenir dans une tonalité unique. Passer d'un ton dans un autre par une transition harmonique est ce qu'on appelle *moduler*.

L'apparition d'accidents nouveaux ou la suppression de signes altératifs précèdemment employés, caractérise la modulation. L'auteur fait entendre ainsi, soit au chant, soit à la basse des notes étrangères à la gamme du ton que l'on quitte et spéciales à celle du ton où l'on entre. Ces notes sont généralement la *sensible* et la *sous-dominante* (4.te mineure) du ton où l'on veut aller.

La modulation est dite *passagère*, si le son étranger au ton établi est immédiatement abandonné. Si le son étranger est conservé et détermine une nouvelle tonalité, la modulation est dite *durable*.

(Nota) Le professeur devra habituer les élèves à reconnaitre et à distinguer les modulations.

458

TRIOLET

On appelle *Triolet* un groupe de trois notes, mis à la place d'un groupe de deux.
Au-dessus ou au-dessous de chaque triolet, se trouve le chiffre 3.

Ex:

ETUDE DU RHYTHME
TRIOLETS
MESURE À 2 TEMPS (2/4)

MESURE À 3 TEMPS $\left(\frac{3}{4}\right)$

MESURE À 4 TEMPS. $\left(\frac{4}{4}\right)$

TON DE MI MINEUR.

EXERCICES D'INTONATION.

20me. SÉRIE.

500.
501.
22me SÉRIE.
502.
503.
504.
505.
506.
EXERCICES À 2 PARTIES
507

508.

509

510

511

512.

TON DE FA MAJEUR(1)

EXERCICES D'INTONATION

23me SERIE

(1) Le professeur fera comprendre l'utilité du bémol placé à la clé

24me SÉRIE.

EXERCICES A 2 PARTIES.

542.
543.
544.

545

546 Moderato
1.re Partie.
2e Partie
3e Partie
mf
mf
mf
Cresc.
Cresc.
Cresc.
Dim.
Dim.
Dim.

TON DE RÉ MINEUR

EXERCICES D'INTONATION

26me SÉRIE

27me SÉRIE

555.

556.

557.

558.

559.

560.

28me SÉRIE.

561.

562.

563.

EXERCICES À 2 PARTIES.

564

565.

566

567
568.
569. Allegretto
1.re Partie
2.e Partie
3.e Partie
f
p
mf
f

TON DE RÉ MAJEUR.

EXERCICES D'INTONATION.

29me SERIE

30me SÉRIE.
584.
585.
586.
587.
31me SÉRIE.
588.
589.
590.
591.
592.

593
594
595
A
B
596
597

598
599
A.
B.
C.
600
Moderato.
1re Partie
2e Partie
3e Partie
p
601.

TON DE SI MINEUR.

EXERCICES D'INTONATION.

32me SERIE.

613.
614.
34me SÉRIE
615.
616.
617.
618.
619.

620.
621.
622.
623

624.
625.
Adagio.
1re Partie.
2e. Partie
3e. Partie.
mf
mf
mf
rall
rall

TON DE SI ♭ MAJEUR.

EXERCICES D'INTONATION.

35me SÉRIE.

639
640
641
642
37me SÉRIE
643
644
645
646
647
648

EXERCICES À 2 PARTIES.

654
655
656 Andantino.
1.re Partie.
2.me Partie.
3.me Partie.
p
mf
p
657

TON DE SOL MINEUR.

EXERCICES D'INTONATION.

38me SÉRIE.

669
670
671
672
673
40me SÉRIE
674
675
EXERCICES À 2 PARTIES.
676
1
677

678

679 Andantino

1re Partie

2me Partie

3me Partie

p

p

p

Rall.

Rall.

Rall.

680

681

TON DE LA MAJEUR.

EXERCICES D'INTONATION.

41.me SÉRIE

42me SÉRIE.
696
697
698
699
700
701
43me SÉRIE.
702
703
704
705

EXERCICES À 2 PARTIES

712
713
714 Allegretto.
1.re Partie.
2.me Partie.
3.me Partie.
mf
Rall
Rall
Rall

TON DE FA♯ MINEUR.

EXERCICES D'INTONATION:

44.me SÉRIE.

46me. SÉRIE.

730

731

EXERCICES À 2 PARTIES.

735
736
737 Moderato
1re Partie
2me Partie
3me Partie
mf
Cresc
Dim

TON DE MI♭ MAJEUR.

EXERCICES D'INTONATION.

47me SÉRIE.

48me SÉRIE.

EXERCICES A 2 PARTIES.

761

762

763

764

765
766
767 Allegro
1re Partie
2me Partie.
3me Partie
f
mf

768

769

TON DE DO MINEUR

EXERCICES D'INTONATION

50me SÉRIE

51me. SÉRIE.

EXERCICES À 2 PARTIES

786

787

788

788
789
790 Largo
1re Partie.
2e Partie.
3e Partie.

NOTA.

L'élève qui se sera suffisamment exercé sur les tonalités dont l'armure comporte jusqu'à trois dièses ou trois bémols, n'éprouvera aucune difficulté sérieuse à chanter dans un ton plus composé; car chacune des tonalités nouvelles pourra être rapportée à l'une des précédentes, dont elle ne différera que d'un *demi-ton* supérieur ou inférieur, ce qui ne changera rien à la situation des notes sur la portée.

L'examen du tableau et des exercices qui suivent rendra cette vérité sensible

DOUBLE DIÈSE DOUBLE BÉMOL

Dans les gammes mineures de sol ♯, de ré ♯ et de fa ♯, pour élever d'un ½ ton l'intonation du fa ♯, du do ♯ et du sol ♯, on se sert de nouveaux signes altératifs: le *double dièse* x, qui élève d'un ton l'intonation de la note qu'il précède, et le *double bémol* 𝄫, qui abaisse d'un ton l'intonation de la note suivante.

---

(1) *En général, les tons qui comportent un grand nombre de* Bémols *et de* Dièses *se montrent moins fréquemment que les tons moins chargés d'altérations.* (Halévy)

TON DE MI MAJEUR.

TON DE DO DIÈSE MINEUR.
Comparez avec le N.° 789.
795
TON DE LA BÉMOL MAJEUR.
Comparez avec le N.° 708.
796
Comparez avec le N.° 712.
797

798 Andante

1re Partie

2e Partie

3e Partie

p

mf

Rall.

TON DE FA MINEUR

799

TON DE SI MAJEUR

Comparez avec le N°. 652.

TON DE SOL DIÈSE MINEUR.

Comparez avec le N° 677.

TON DE RE BÉMOL MAJEUR.

Comparez avec le N°. 595.

TON DE SI BEMOL MINEUR.

Comparez avec le N°. 623.

803

TON DE FA DIÈSE MAJEUR.

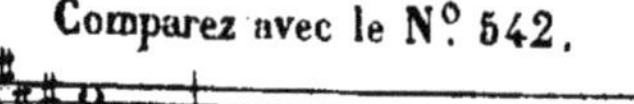

Comparez avec le N°. 542.

804

TON DE RÉ DIÈSE MINEUR.

Comparez avec le N°. 566.

805

TON DE SOL BÉMOL MAJEUR.

Comparez avec le N° 456.

806

TON DE MI BÉMOL MINEUR.

Comparez avec le N° 511.

807

TON DE DO DIÈSE MAJEUR.

Comparez avec le N° 374.

808

TON DE DO BEMOL MAJEUR

Comparez avec le N° 808.

809

TON DE LA DIÈSE MINEUR

810 Comparez avec le N° 321.

TON DE LA BÉMOL MINEUR

811 Comparez avec le N° 810.

ÉTUDE DU RHYTHME

MESURE À 3 TEMPS $\left(\frac{3}{8}\right)$

Dans la mesure à $\frac{3}{8}$ (Voyez Page 19) on prend la croche pour unité de temps.

814.
815.
816.
817.
818.

819.
820.
821.

SONS LIÉS.

Lorsque la *liaison* (Page 22) est placée sur une suite de notes de degrés différents, elle indique que ces sons doivent être *liés* ou *coulés*.

822

Les *points* placés au-dessus des notes indiquent que les sons doivent être *détachés* ou *piqués*.

823

824

825
826

FIN DE LA 2e PARTIE

TABLE DES MATIÈRES
contenues dans la deuxième partie.

THÉORIE.

PRATIQUE.

ETUDE DU RHYTHME. (♪)

INTONATION ET LEÇONS À 2 ET À 3 PARTIES.

FIN DE LA TABLE DE LA 2me PARTIE.

www.ingramcontent.com/pod-product-compliance
Ingram Content Group UK Ltd.
Pitfield, Milton Keynes, MK11 3LW, UK
UKHW020343180726
13839UKWH00002B/884

9 782329 303840